I0440889

MOBBING GEHT ALLE AN

Wolfgang W. Ulrich

© Wolfgang Wilheln Ulrich 2013

Autor

Wolfgang Wilhelm Ulrich

1126 Sulu Street

Manila 1003

Philippinen

Email: wolfgangulrich67@yahoo.de

Inhaltsverzeichnis

Mobbing geht Alle an

Vorwort

In diesem Artikel geht es um Mobbing in der Schule. Das hat drei Gründe:

Der Autor besitzt selber sehr persönliche Erfahrungen mit diesem Thema, da er als Schüler erfolgreich viele Jahre als Mobbingopfer überlebt hat.

Der Autor hat bei Online-Recherchen zum Thema Mobbing festgestellt, dass zwar Mobbing ein großes gesellschaftliches Thema ist, aber fast alle Autoren sich mit dem Thema Mobbing im Beruf beschäftigen.

Der Autor vertritt die Auffassung, dass bereits in der Schule sehr früh damit begonnen werden muss, Mobbing zu bekämpfen, denn so, wie man in der Schule das Wissen erwirbt, das man später im Beruf benötigt, so lernt man auch dort die Verhaltensweisen, die man später nicht nur im Beruf, sondern allgemein in seinem Leben anwendet.

Der Autor ist kein studierter Psychologe und sich dessen bewusst, dass diese eventuell in manchen Punkten zu anderen Ergebnissen kommen und andere Auffassungen vertreten würden. Anregungen und Verbesserungsvorschläge sind deshalb jederzeit willkommen. Auch zu sachlichen Diskussionen ist der Autor jederzeit bereit. Wer Kontakt aufnehmen möchte, wendet sich bitte an folgende Email-Adresse:

wolfgangulrich67@yahoo.de

Ein ganz normaler Schultag

Es war kurz vor Schulbeginn und Wolfgang war auf dem Weg zum Klassenzimmer. Wie immer versuchte er, möglichst unbemerkt dorthin zu gelangen. Keiner der Schläger sollte ihn sehen. Er wollte doch nur lernen. Wenigstens einmal wollte er nicht gehänselt und verprügelt werden. Doch wie immer schaffte er es nicht bis zur Tür.

Wenige Meter vor der Tür stellte ihm Murat ein Bein und er stolperte, aber er fiel nicht hin. Doch das machte jetzt eigentlich auch keinen großen Unterschied mehr, denn er wusste, was nun folgen würde. Murat und sein Zwillingsbruder Mustafa waren gefürchtete Schläger in der Uhlandschule und keiner wagte es, sich mit ihnen anzulegen. „Hey du Spast, pass gefälligst auf!", sagte Murat zu ihm und baute sich drohend vor Wolfgang auf. „Ich bin kein Spast, und außerdem hast Du mir ein Bein gestellt." entgegnete Wolfgang. Auch wenn er Angst hatte, ließ er sich das nicht anmerken und Wahrheit war ihm immer sehr wichtig. „Ey, was sagst Du? Willst Du eine aufs Maul haben? Ich hab hier nur mit meinen Kumpels gestanden."

Wolfgang wusste die Wahrheit und er wusste, sie würden ihn sowieso verprügeln, also sagte er: „Du lügst! Ich weiß doch, dass Du mir das Bein gestellt hast." „Hey Murat, der nennt dich einen Lügner. Willst Du dir das gefallen lassen?" ertönte es da hinter Wolfgangs Rücken. Wolfgang kannte die Stimme. Es war Murats Zwillingsbruder Mustafa. Murat sagte „Ey, nimm das zurück Du Wichser. Ich lüge nie." „Und das war jetzt schon deine zweite Lüge.", sagte Wolfgang. Es war leicht, zu widersprechen, wenn man wusste, dass man sowieso Schläge bekommt. Wer sonst nichts mehr zu verlieren hat, kann so wenigstens seine Ehre bewahren.

Plötzlich bekam Wolfgang von hinten einen Stoß und stolperte gegen Murat. Er wusste, dass Mustafa ihn gestoßen hatte. Als Nächstes fühlte er die Faust von Murat in seinem Bauch und einen Tritt von Mustafa in seinem Rücken. Dann fielen sie alle über ihn her und er bekam Schläge von allen Seiten, bis der Lehrer kam und den Knäuel auflöste. „Was ist hier los?", wollte er wissen. „Der hat mich angegriffen!", sagte Murat gleich. „Das ist nicht wahr.", protestierte Wolfgang. „Die haben mich angegriffen. Murat hat mir ein Bein gestellt und Mustafa hat mich von hinten geschubst. Und dann sind alle auf mich losgegangen. Dabei habe ich keinem was getan." „Der hat Murat einen Lügner genannt!" rief Mustafa. „Also wer hat nun angefangen?", wollte der Lehrer noch mal wissen. „Der Wolfgang!", riefen Murat, Mustafa und ihre Freunde wie aus einem Mund. „Das ist nicht wahr! Die lügen! Der Murat hat angefangen!" protestierte Wolfgang. Der Lehrer sagte nichts mehr. Und Mustafa drohte: „Ey, wart's ab. In der Pause mach ich Dich fertig!"

Die ersten beiden Stunden gingen viel zu schnell vorbei und die Pause kam. Wolfgang hatte Angst, denn er wusste, was passieren würde, wenn Murat und Mustafa oder einer der anderen aus der Clique ihn zu fassen kriegten. Er fragte den Lehrer, ob er nicht im Klassenzimmer bleiben könnte, aber der Lehrer sagte, er müsse den Raum abschließen. Wolfgang solle auf den Schulhof gehen und dort mit den anderen Kindern spielen. „Aber die verprügeln mich immer. Ich will da nicht raus!", sagte Wolfgang. „Hier kannst Du aber auch nicht bleiben. Ich hab jetzt keine Zeit, mit Dir darüber zu diskutieren. Mach jetzt, dass Du raus kommst!" Mit diesen Worten schob er Wolfgang zur Tür hinaus und eilte ins Lehrerzimmer.

Bedrückt ging Wolfgang auf den Schulhof und versuchte, seinen Peinigern aus dem Weg zu gehen und seinen Bruder zu finden. Vielleicht konnte der ihn beschützen. Doch es dauerte nicht lange und Murat und Mustafa hatten ihn gefunden. „So, Du Wichser, jetzt mach ich Dich fertig!", sagte Murat und boxte ihn ins Gesicht. Im nächsten Moment rissen sie ihn schon zu Boden und schlugen auf ihn ein, als plötzlich Hilfe auftauchte.

Heinz war zufällig vorbei gekommen und hatte seinen Bruder in Not gesehen. Er griff ins Getümmel, schnappte sich Murat und zeigte ihm mit ein paar kräftigen Schlägen, dass mit ihm nicht zu spaßen ist. Auch Mustafa, der seinem Bruder zu Hilfe eilen wollte, erging es nicht besser. Alle anderen flüchteten schnell, denn sie wussten, dass Heinz stark war und Wolfgang ohne Rücksicht auf Verluste raushauen würde. Bis zum Ende der großen Pause blieb Wolfgang jetzt bei seinem Bruder, wo er sich sicher fühlte. Danach mussten Sie wieder in ihre Klassen und Wolfgang hatte wieder zwei Stunden Ruhe und konnte wieder den Unterricht genießen. Von Murat und Mustafa hatte er heute nichts mehr zu befürchten. Und morgen war noch weit …

Doch in der zweiten Pause musste er erkennen, dass er sich zu früh gefreut hatte. Das Ereignis von der großen Pause hatten auch andere mitbekommen. Horst, ein sehr sportlicher, aber sonst eher mittelmäßiger Schüler und seine

Freunde traten auf Wolfgang zu und machten sich über ihn lustig. „Na, musste der große Bruder wieder kommen und Klein-Wolfgang helfen? Ist schon schlimm, wenn man zu doof ist, sich selber zu helfen!" „Schau auf deine Noten. Dann weißt Du, wer doof ist!", meinte Wolfgang. Er kannte Horst und wusste, dass der schlechte Noten hatte. Irgendwie hatte Wolfgang den Eindruck, dass alle, die so gerne ihn und auch andere verprügelten, grenzenlos dumm waren, denn alle diese Schlägertypen hatten in der Schule eher schlechte Noten.

Er selber brachte immer gute bis sehr gute Noten nach Hause und war stolz darauf, dass er klüger war, als alle Schläger. Doch in diesem Moment half ihm das nicht wirklich weiter. Jetzt stand dieser Schläger vor ihm und er wollte jetzt nur keine Angst zeigen. „Willst Du etwa sagen, dass ich doof bin? Ey, ich lass mich von dir Spasti nicht beleidigen!", schrie Horst. „Pass auf, er fängt gleich an, zu zucken. Mein Vater sagt, wenn diese Epileptiker einen Anfall haben, fangen sie an zu zucken. Epileptiker sind nämlich verrückt.", sagte einer von Horsts Freunden. „Ja so sieht der aus. Das ist ein Verrückter. Der muss in die Irrenanstalt!" sagte ein anderer. Wolfgang sagte daraufhin „Ihr seid verrückt, wenn ihr solchen Blödsinn glaubt." „Der nennt uns verrückt. Das gibt Dresche!", riefen die Drei und wollten Wolfgang angreifen. Der drehte sich um und rannte davon.

Doch viele Hunde sind des Hasen Tod. Bald hatten sie ihn eingeholt und so bekam er zum dritten Mal an diesem Tag Prügel, bis wieder ein Lehrer kam und das ganze beendete. „Ihr solltet Euch schämen, zu dritt auf einen Einzelnen loszugehen!", meinte er. Doch Scham kannten diese Kerle nicht. Nach weiteren zwei Stunden Unterricht schaffte Wolfgang es, nach Hause zu kommen, ohne noch mal verprügelt zu werden. Und so ging wieder einmal ein ganz normaler Schultag für ihn vorbei. Morgen würde er wieder zur Schule gehen, wieder etwas lernen und sich wieder seinen Peinigern stellen müssen ...

So verging fast jeder Schultag von Wolfgang in der Uhlandschule. Mehrmals in der Woche wurde Wolfgang von Lehrern unter seinen Peinigern hervorgeholt. Und wenn ein Lehrer fragte, was los sei, sagten die Schläger immer, Wolfgang habe angefangen.

Am Ende des Schuljahres stand in Wolfgangs Zeugnis folgende Bemerkung: „Asoziales Verhalten"

Enttäuschte Hoffnungen

Es war sein dritter Tag an der neuen Schule. Bisher war alles gut gelaufen. Niemand wusste von seiner Epilepsie und niemand hänselte oder verprügelte ihn hier. Es schien, als ob wirklich die Schüler auf diesem Gymnasium intelligenter waren als in den anderen Schulen, wo Gewalt an der Tagesordnung war und er täglich verprügelt wurde. In der Grundschule hatte ihm oft sein großer Bruder geholfen und ihn buchstäblich rausgehauen. Hier – so hoffte er – würde das nicht nötig sein. Das war auch gut so, denn Heinz ging auf eine andere Schule und war zu weit weg, um einzugreifen.

Zufrieden und gut gelaunt ging Wolfgang über den Schulhof in Richtung Klassenzimmer, wo in wenigen Minuten der Unterricht beginnen sollte. Er freute sich darauf, wieder etwas Neues zu lernen und sein Wissen zu erweitern. Er war nicht besonders fleißig und strebsam, aber er war neugierig und wollte immer alles wissen. Plötzlich stockte er. Kannte er die zwei Jungs, die jetzt gerade auf ihn zukamen, nicht aus der Grundschule? Waren das nicht zwei von denen, die ihn immer verprügelt hatten? Was machten die denn hier? Na mal schauen. Vielleicht hatten sie sich ja geändert und waren nicht mehr so stumpfsinnige Schläger.

Die Jungs kamen näher und sie schauten ihn nicht gerade freundlich an. „So!", sagte der eine. „Dein Bruder ist ja nicht hier und kann Dir nicht helfen. Jetzt können wir Dich ja ungestört verprügeln." In diesem Moment wusste Wolfgang, dass hier nicht alles besser war. Verzweifelt drehte er sich um und rannte davon. Diesmal sollten sie ihn nicht kriegen. Er rannte auf seiner Flucht kreuz und quer über den Schulhof, doch die Schläger folgten ihm überall hin. Er konnte sie einfach nicht abschütteln. Und plötzlich saß er in der Falle. Sie hatten ihn in eine Ecke getrieben, aus der es nur einen Weg gab und den versperrten diese zwei primitiven Schläger. Wolfgang wusste in seiner Not und Verzweiflung nur einen Ausweg: Zum ersten Mal in seinem Leben wartete er nicht darauf, dass andere zuerst zuschlugen. Aus purer Angst und in der Hoffnung, dass sie aus Überraschung den Weg freigeben würden, schlug er als Erster zu. Er attackierte sie mit einem Trommelfeuer von Faustschlägen, doch sie waren zunächst zu überrascht von der Reaktion ihres Opfers, um auch nur ein Glied zu rühren.

Wie angewurzelt standen sie da und in Wolfgang wuchs die Verzweiflung. Warum gaben sie den Weg nicht frei, damit er endlich aus dieser Falle flüchten kann? Doch plötzlich taten sie etwas, das er absolut nicht erwartet hatte: Sie drehten sich um und rannten davon, so schnell sie konnten. Diese völlig unerwartete Reaktion löste bei Wolfgang etwas aus. Es war, als ob jemand einen Schalter in seinem Kopf betätigt hätte. Ehe er sich besann, rannte er hinter seinen Peinigern her. Die Jäger waren plötzlich zu Gejagten geworden.

Er holte den Hinteren ein, riss ihn zu Boden und ließ seiner Wut freien Lauf. Wolfgang war nicht sportlich und hatte nicht viel Kraft, aber seine Wut glich das bei Weitem aus. Nun gab er seinem Peiniger das zurück, was er ihm aus Jahren des Martyriums schuldete und hörte erst auf, auf ihn einzuschlagen, als er die Fäuste nicht mehr heben konnte.

Wolfgang war nicht wirklich stolz oder glücklich über das, was er getan hatte, denn er hasste Gewalt, aber irgendwie, tief in seinem Inneren, tat es gut, zu wissen, dass er nicht mehr wehrlos war. Nun würde ihn keiner mehr so einfach verprügeln, denn nun wusste er, dass er sich erfolgreich wehren konnte und er würde nicht mehr zögern, das auch zu tun.

Nicht immer ist Gewalt im Spiel

Wolfgang hatte das Gymnasium verlassen. Er war nun auf einem Internat, um dort sein Abitur zu machen. Zum ersten Mal in seinem Leben besuchte er eine Schule, wo nicht die Gewalt herrschte und er nicht jeden Tag befürchten musste, verprügelt zu werden. Am Anfang traute Wolfgang dem Frieden noch nicht so ganz. Zu tief steckte die Erfahrung aus den Jahren der Gewalt gegen ihn in ihm drin. Bald allerdings merkte er, dass man an dieser Schule wirklich fast ganz ohne Gewalt lebte, und er war dafür dankbar. Hier lebte er auf und lernte, sich sogar in der Schule sicher zu fühlen. Er lernte allerdings auch, dass er auch ohne Gewalt Opfer von Mobbingattacken werden konnte, auch wenn er dieses Wort noch nicht kannte.

Auch hier war er Außenseiter und auch hier stieß er auf teilweise massive Ablehnung. Das hatte vor allem drei Gründe:

Wolfgang rauchte nicht. In einer Schule, in der fast alle Schüler rauchen und einige sogar damit angeben, schon seit ihrem 10. Lebensjahr zu rauchen, macht man sich damit keine Freunde. In einer Schule, wo sogar Asthmatiker rauchen, gelten auch absolut keine gesundheitlichen Gründe.

Wolfgang trank keinen Alkohol. Hier gilt dasselbe, wie für das Rauchen. Alkohol gilt bei den Schülern (die sich das wahrscheinlich bei den Erwachsenen abgeschaut haben) gewissermaßen als integrierendes Element. Wer nicht trinkt, gehört nicht dazu. Dass man es aus gesundheitlichen

Gründen absolut nicht darf, weil man Epileptiker ist, gilt nicht als Entschuldigung.

Wolfgang hörte die „falsche" Musik. Das heißt, er hörte lieber Schlager und Country-Musik als Punk, Neue Deutsche Welle oder andere angesagte Musik.

Einer der Schlimmsten, die ihn mobbten, war Ben. Das Interessante daran war, dass der Wolfgang nicht wirklich kannte. Die Zwei hatten nie miteinander gesprochen oder sonst irgendwie näher Kontakt gehabt. Alles, was Ben über Wolfgang wusste oder vielmehr zu wissen glaubte, hatte er von anderen Schülern über Gerüchte erfahren. Da er selber auch nicht gerade überaus erfolgreich und beliebt war, zog er es vor, jede Gelegenheit zu nutzen, um den Außenseiter zu beleidigen. Wann immer er Wolfgang antraf und andere ihn hören konnten, beschimpfte er ihn als Stinker oder Arschloch oder ähnlich unfreundliche Dinge. Wolfgang ignorierte diese Beleidigungen lange, vielleicht sogar zu lange. Er wusste, er hatte es mit einem Menschen zu tun, der ihm geistig unterlegen war, denn sonst würde dieser Mensch sich nicht so dumm verhalten. Doch auch seine Geduld war begrenzt. Eines Tages kam er mit seinem Aktenkoffer über den Gang, als wieder dieser Ben auftauchte. Der schaute nur kurz und sagte zu einem anderen Schüler: „Guck mal! Ein Schwein mit Koffer."

Das war nun eindeutig zu viel für Wolfgang, der schon viel zu lange Geduld mit dem Kerl gehabt hatte. Doch im Gegensatz zu den unterbelichteten Schülern, mit denen er es in Frankfurt zu tun gehabt hatte, griff er nicht zur sofortigen Gewalt. Als intelligenter Mensch wusste er, dass Gewalt keine

Lösung ist. Er überlegte sich, wie er diesen Kerl auf andere Weise treffen konnte. Er hatte da auch schon eine Idee. Die Grundbausteine für seine Idee waren folgende:

Die Schule besaß Schweine und deshalb auch einen Schweinestall mit äußerst übel riechendem Mist. Ben hatte schon mehrfach Wolfgang als Stinker oder als Schwein bezeichnet und Wolfgang wusste, in welchem Zimmer Ben wohnte und dass der sehr eitel war ...

Ben hatte Glück. Ein Lehrer, den Wolfgang sehr gut kannte und sehr schätzte und der außerdem sein Familienvater in dieser Schule war, sah ihn, bevor er sich an die Ausführung seines Planes machte, und sah an seinem Gesicht, dass er sehr aufgebracht war und Rachepläne schmiedete. Er sprach ihn also an und ließ nicht locker, bis er erfahren hatte, was Wolfgang so verärgert hatte. Danach gingen sie gemeinsam zu den Familieneltern von Ben, der von diesen auch dazugeholt wurde. Die dann folgende Diskussion verlief zunächst recht zäh, weil die Lehrer wissen wollten, warum Ben immer wieder solch ein Verhalten gegenüber Wolfgang an den Tag legte. Seine Antworten waren allerdings nur weitere Beleidigungen gegenüber Wolfgang, sodass am Ende folgendes Ergebnis herauskam: Man drohte Ben ernsthafte Konsequenzen an, wenn er nicht aufhören würde, Wolfgang zu beleidigen. Von dem Tag an hatte Wolfgang zumindest von dieser Seite Ruhe.

Manche handeln aus Angst

Es war ein schöner Nachmittag und Wolfgang kam gerade aus der Sporthalle, wo er mit anderen Schülern Badminton gespielt hatte. Wolfgang liebte Badminton. Es gab ihm die Möglichkeit, den Stress, den er in seiner Außenseiterrolle im Internat hatte, zu verarbeiten, ohne Gewalt gegen irgendjemanden ausüben zu müssen. Der Sport gab ihm ein perfektes Ventil für seine Aggression.

Er wollte sich gerade umziehen, da sah er, wie Frank sich aus dem Fenster an der Ecke lehnte und direkt an sein Fenster spuckte. Wolfgang war sauer und auch etwas ratlos. Er kannte Frank bisher als einen recht netten und intelligenten Schüler und hatte nicht gedacht, dass der das Mobbing der anderen mitmachen würde.

Um nicht voreilig etwas Falsches zu machen und um eine Erklärung für dieses unverständliche Verhalten zu bekommen, ging Wolfgang zu einem Lehrer, von dem er wusste, dass er ihm vertrauen konnte. Er erzählte ihm, was vorgefallen war und bat ihn, dass sie gemeinsam mit Frank sprechen könnten, ohne dass dieser gleich bestraft würde. Er wollte einfach nur Klarheit über die Hintergründe haben.

Etwa 20 Minuten später saßen die Drei in der Wohnung des Lehrers. Dieser fragte Frank als Erstes, warum er das getan habe und was er gegen Wolfgang habe.

„Ich habe eigentlich gar nichts gegen ihn. Er ist ein netter Kerl!", war die Antwort.

„Und warum machst Du dann so etwas?", lautete die nächste Frage.

„Er ist halt nicht gerade beliebt bei den anderen Schülern. Alle sind gegen ihn."

„Du bist doch aber ein recht kräftiger Kerl. Wäre es da nicht besser, sich auf die Seite des Schwächeren zu stellen, anstatt auch noch gegen ihn vorzugehen?"

„Ja das ist nicht so einfach. Im Dritten Reich wurden auch nicht nur die Juden umgebracht, sondern auch die, die ihnen geholfen haben."

Der Lehrer musste erst einmal Luft holen, angesichts dieser Aussage, in der sich die Angst dieses Schülers zeigte, der eigentlich für sein Alter über außergewöhnliche Körperkraft verfügte und nicht aussah, als ob er Angst vor den anderen Schülern haben müsste. Dann stellte er eine letzte Frage.

„Weißt Du denn, warum die anderen so gegen Wolfgang sind?"

Die Antwort war fast so erschreckend, wie Franks vorherige Aussage: „Ja klar, er raucht nicht, er trinkt nicht und er hört die falsche Musik, das ist alles."

Der Lehrer war fassungslos, als er das hörte. Er entließ Frank und meinte zu Wolfgang: „Und das sind alles Menschen, die glauben, besser zu sein, als die Nazis."

Später distanzierte er sich jedoch von dieser Aussage, die er im ersten Entsetzen von sich gegeben hatte.

Mobbing geht Alle an

Die Geschichten auf den vorangegangenen Seiten sind wahre Geschichten mit überwiegend wahren Namen. Der Autor dieses kleinen Werkes hat diese Geschichten selber erlebt und durchlitten. Er hatte das Glück, eine Familie zu haben, die ihm zur Seite stand und ihm Halt gab und seine überdurchschnittliche Intelligenz half ihm, Selbstbewusstsein aufzubauen und Kraft aus dem Glauben an seine geistige Überlegenheit zu schöpfen. Der Autor konnte sich immer mit der Erkenntnis trösten, dass die anderen zwar stärker waren als er − zumal sie meist zu mehreren waren − er aber wesentlich mehr Wissen besaß und auch die besseren Noten hatte.

Diese Erlebnisse und die Tatsache, dass es Mobbingopfer gibt, die wesentlich stärker leiden, als er, haben den Autor dieses Werkes dazu verleitet, sich mit dem Thema Mobbing näher zu befassen.

Was ist Mobbing?

Es gibt zur Zeit (Dezember 2011) keine einheitliche Definition von Mobbing. Es handelt sich dabei jedoch um systematische Verhaltensmuster, die sich über einen längeren Zeitraum erstrecken. Es handelt sich also nicht nur um einzelne, isolierte Handlungen (Quelle: Wikipedia).

Mobbing findet statt am Arbeitsplatz, in der Schule, aber auch in vielen anderen Organisationen. In diesem Werk wird speziell Mobbing in der Schule behandelt, da bereits im

Schulalter die Erziehung darauf hinwirken sollte, Mobbing in der Zukunft zu verhindern. Da Mobbing bereits in der Schule stattfindet und die Schüler bereits dort entsprechendes Verhalten „lernen", ist es nur konsequent, auch dort Gegenmaßnahmen zu ergreifen und den Schülern soziales Verhalten zu vermitteln.

Meist besteht zwischen Tätern und Opfern ein ungleiches Machtverhältnis. Das heißt, dass der/die Täter/in meist physisch stärker ist, als das Opfer oder ein größeres Selbstbewusstsein hat oder gar mehrere gegen einen stehen. Das Opfer hat also meist schlechte Chancen, sich zu verteidigen.

Die Mobbinghandlungen sind sehr vielfältig. Es reicht von sozialer Ausgrenzung über Beschimpfungen und Zerstörung des Eigentums bis hin zu physischer Gewalt. Dazwischen findet man noch unzählige andere Varianten, von denen der Autor einige persönlich erlebte, die noch nicht in den vorangegangenen Geschichten beschrieben wurden, mal kurz auflistet.

Die Türklinke des Zimmers wurde mit Öl beschmiert.

Persönliches Eigentum wurde gestohlen.

Nachts wurden rohe Eier gegen den Wandteppich des Autors geworfen.

Nachts wurde gegen die Tür des Autors getreten.

Abends wurde der Strom für sein Zimmer abgeschaltet, sodass er plötzlich im Dunkeln saß.

Der Sattel des Fahrrades wurde zerschnitten.

Mitten in der Nacht wurde kaltes Wasser in das Bett des Autors geschüttet.

Es wurden negative Gerüchte über den Autor verbreitet.

Der Autor wurde bedroht.

Alle diese Dinge – und noch einige andere – erlebte der Autor mehrfach im Internat zusätzlich zu Ausgrenzung und Beschimpfungen.

Diese und viele andere Dinge müssen Mobbingopfer täglich erdulden. In Zeiten des Internets haben sich die Möglichkeiten, andere zu mobben, vervielfältigt. Es geht relativ einfach und schnell, mit gezielten Kampagnen den Ruf und das Ansehen anderer dauerhaft zu beschädigen. Immer wieder hört man von Nacktfotos und Videos, die ohne Wissen und ohne die Zustimmung des Opfers im Internet gepostet werden, um die Opfer zu demütigen und ihren Ruf zu schädigen. Es ist inzwischen auch sehr einfach, Gerüchte über irgendwen in den sozialen Netzwerken zu verbreiten. Nicht jeder ist stark genug, mit solchen Dingen umzugehen. Das Ergebnis kann man dann manchmal in den Medien lesen, wenn Mobbingopfer Selbstmord begehen.

Wer wird zum Mobbingopfer?

Mobbingopfer kann inzwischen fast jeder werden. Meistens handelt es sich jedoch um Personen, die sich von der Masse in irgendeiner Weise unterscheiden. Das kann z. B. eine Krankheit sein, überdurchschnittliche Intelligenz, eine andere Haut- oder Haarfarbe oder auch der einfache Umstand, dass man keine angesagte Markenkleidung trägt. Daneben gibt es noch zahllose andere Faktoren, wie z. B. ein ängstliches und zurückhaltendes Auftreten. Wichtig ist auch, dass es sich bei den Mobbingopfern meist um Menschen handelt, die sich gerade in einer schwächeren Position befinden und deshalb relativ leicht angreifbar sind. Es wird also meist nicht Schüler treffen, die gerade sehr beliebt sind und auch meist nicht extrem selbstbewusste und sportliche Schüler. Schließlich wollen die Täter meist kein großes Risiko eingehen.

Oft ist die Eigenschaft, in der sich das Opfer von der Masse unterscheidet, von untergeordneter Bedeutung und wird von den Tätern nur als Vorwand genutzt. Wenn jemand erst einmal den Entschluss gefasst hat, einen anderen zu mobben, um sich zu profilieren und Macht auszuüben, dann findet er/sie auch ein geeignetes Opfer und irgendwelche scheinbaren Gründe, dieses Opfer zu terrorisieren und zu unterdrücken. Denn letztendlich geht es beim Mobbing darum, Macht auszuüben, indem man jemanden unterdrückt. Das kann sowohl durch Einzeltäter geschehen als auch durch eine Gruppe. Jedoch wird man gerade in der Schule feststellen, dass es auch bei einer Gruppe, die mobbt, meist einen „Anführer" gibt und viele Mitläufer.

Wer betreibt Mobbing?

In der Vergangenheit wurde dem Autor oft erzählt, dass es sich bei den Tätern meist um Menschen handelt, die ein schwaches Selbstbewusstsein haben und dieses mit der Unterdrückung anderer „aufpolieren" wollen. Das ist trifft jedoch nur zum Teil zu.

Spricht man von Mobbing in der Schule, so muss man zunächst wissen, dass es da mehrere Gruppen gibt. Da ist zunächst die Gruppe der Opfer, die in der Regel recht überschaubar ist. Oft ist es in einer Klasse nur ein Einzelner, es können aber auch mehrere sein. Sie stellen jedoch immer eine Minderheit dar.

Denen gegenüber steht die Gruppe der Täter. Hier kann es sich auch einmal um Einzeltäter handeln. Diese haben meist ein recht ausgeprägtes bis übersteigertes Selbstbewusstsein. Meistens jedoch handelt es sich um eine Gruppe mit einem „Leader of the Pack" an der Spitze, der ebenfalls meist über ein eher überdurchschnittliches Selbstbewusstsein verfügt. Die Gefolgsleute teilen sich auf in die, die sich anschließen, weil sie das, was ihr Vorbild tut, gut finden und die, die sich anschließen, um nicht selber Opfer zu werden. Letztere verfügen oft über ein wenig ausgeprägtes Selbstbewusstsein, aber genug Intelligenz um zu wissen, was sie da tun.

Gerade bei den Anführern von Mobbinggruppen lassen sich meist sehr ambivalente Beobachtungen machen. Sie verfügen meist durchaus über soziale Kompetenz und wissen, wie sie geschickt soziale Netzwerke aufbauen und nutzen können, und verhalten sich innerhalb ihrer Gruppe durchaus sozial.

Gleichzeitig haben sie keine Hemmungen, gegenüber Außenseitern extrem asozial aufzutreten und ihre Opfer auf oft perfide Weise rücksichtslos zu unterdrücken und zu demütigen. So rücksichtslos und asozial sie also gegenüber ihren Opfern auftreten, so sozial verhalten sie sich meist innerhalb ihrer Gruppe, auf die sie angewiesen sind.

Dann gibt es noch eine dritte Gruppe, nämlich die der Zuschauer, die „neutral" bleiben wollen und nach dem Motto handeln: „Das geht mich nichts an und deshalb mische ich mich nicht ein." Wenn die dann mal nach dem wahren Sachverhalt befragt werden, haben sie meist nichts gesehen, auch wenn es direkt unter ihren Augen stattfand. Sie haben meist Angst und neigen im Zweifelsfall dazu, dem Stärkeren Recht zu geben. Die Erfahrung zeigt leider, dass auch die meisten Lehrer in der heutigen Zeit zu dieser Gruppe zählen.

Ganz selten gibt es auch Schüler, die sich auf die Seite der Mobbingopfer stellen und versuchen, denen zu helfen. Das führt allerdings sehr oft dazu, dass sie selber auch sehr bald zu Mobbingopfern werden. Ausnahmen sind die Schüler, die aufgrund ihrer Beliebtheit oder besonderen Engagements zu großen Respekt genießen, um zu Mobbingopfern zu werden.

Was sind die Gründe für Mobbing?

Zunächst einmal muss man beim Mobbing unterscheiden zwischen den vorgeschobenen Gründen für Mobbing und den tatsächlichen, tiefer liegenden Gründen.

Anders ausgedrückt:

Es gibt Gründe, warum überhaupt gemobbt wird und es gibt Gründe, warum speziell dieses Opfer gemobbt wird.

Ein Grund, warum überhaupt gemobbt wird, ist in vielen Fällen das Bedürfnis, Macht auszuüben. Macht ist eine sehr starke Motivation für menschliches Verhalten. Dieser Grund liegt meist vor, wenn das Mobbing überwiegend von einer einzelnen Person ausgeht, bzw. gesteuert wird. Da diese eine Person in vielen Fällen auch Anhänger und „Gefolgsleute" hat, entsteht oft der falsche Eindruck, es müsse tatsächlich das Opfer etwas falsch gemacht haben, da es doch so viele gegen sich hat, die doch wohl nicht alle falsch liegen können. Wer das glaubt, sollte mal überlegen, wie Gerüchte entstehen. Es gibt durchaus Parallelen zwischen der Entstehung von Gerüchten und der Entstehung einer mobbenden Gruppe.

Ein fiktives Beispiel:

A sucht sich ein Mobbingopfer x aus und beginnt zu mobben.

B vertraut blind dem A, den er schon länger bewundert.

C will sich nicht gegen A und B stellen.

D sagt sich, wenn die Drei gegen x sind, wird das schon seinen Grund haben.

Und je größer die Gruppe wird, desto mehr Leute glauben, dass der Fehler bei x liegt …

Ein anderer Grund für Mobbing ist Unwissenheit und Angst vor dem, was man nicht kennt und nicht versteht. Ein Beispiel dafür ist die Abneigung vieler Deutscher gegen Türken oder inzwischen auch gegen Moslems im Allgemeinen. Wer sich die Leute mal genau anschaut, wird feststellen, dass sie meistens wenig bis gar nichts über die türkische Kultur oder den Islam wissen. Viele verfügen über etwas, das man als „gefährliches Halbwissen" bezeichnen könnte.

Ein Beispiel für dieses gefährliche Halbwissen war am 25.12.2011 im Internet bei Yahoo Deutschland zu entdecken. Da gab es eine Nachricht, dass in Nigeria Islamisten an Heiligabend Anschläge auf christliche Kirchen begangen haben und dabei mindestens 40 Menschen getötet wurden. Sofort wurden in den Kommentaren Forderungen laut, alle Moslems zu töten oder zumindest aus Deutschland auszuweisen. Begründet wurde das damit, dass der Islam eine aggressive Religion sei, die dazu aufruft, Ungläubige zu töten, was also heißt, dass alle Moslems aggressiv sind und uns Deutsche töten wollen. Gleichzeitig wurde Mohammed mit sehr drastischen Worten als Päderast bezeichnet, weil er eine 9-Jährige geheiratet und mit ihr Geschlechtsverkehr gehabt habe. Das wiederum wurde dann als Argument verwendet für die Behauptung, dass alle Moslems Päderasten seien.

Wer sich näher mit den Tatsachen bzw. den Überlieferungen beschäftigt, wird feststellen, dass die betreffenden Personen, die diese Kommentare geschrieben haben, kleine Bruchstücke der Überlieferungen mal irgendwo per „Mund-zu-Mund-Propaganda" gehört haben. Basierend auf diesen wenigen Bruchstücken haben sie sich nun Ihre Meinung über Moslems und Türken – die ja bekanntlich mehrheitlich dem islamischen Glauben angehören – aufgebaut. Dass dieses Halbwissen, das sich diese Menschen erworben haben, ihnen nun Angst vor Türken und Moslems einflößt, braucht wohl nicht weiter erwähnt zu werden. Angst wiederum erzeugt Abneigung und diese Abneigung führt dazu, dass viele Türken und andere Moslems in Deutschland massiv gemobbt werden.

Derartige Unwissenheit und Angst gibt es in vielen Bereichen. Es muss sich dabei nicht immer um Menschen mit anderer Herkunft, Religion oder Kultur handeln. Oftmals reicht es auch aus, dass ein Mensch an gewissen Allergien oder Krankheiten leidet. Wenn man z. B. nicht weiß, was Neurodermitis ist und ob es ansteckend ist, fangen viele an, den Menschen zu meiden und abzulehnen, was dann sehr schnell auch zum Mobbing führt. Ähnliches durfte der Autor am eigenen Leib erfahren, nachdem ein Lehrer seine Grundschulklasse darüber informiert hatte, dass er Epilepsie habe und das eine Krankheit im Kopf sei. Der Lehrer hatte wahrscheinlich keine bösen Absichten, als er der Klasse diese Informationen gab, aber das Ergebnis kam schnell und grausam. Die Schüler - alle etwa 6 oder 7 Jahre alt - dachten, dass eine Krankheit am Kopf Schwachsinn oder Dummheit bedeutet. Von dem Tage an wurde der Autor für die nächsten Jahre fast täglich mehrmals in der Schule verprügelt.

Diese Art von Mobbing aus Unwissenheit und Angst sieht man meistens dort, wo ganze Gruppen am Mobbing beteiligt sind.

Ebenso vielfältig wie die Gründe für das Mobbing überhaupt sind die Gründe, warum eine spezielle Person gemobbt wird.

Ein Grund – und wahrscheinlich der am einfachsten zu durchschauende – liegt vor, wenn das Opfer einer Minderheit angehört, deren Angehörige schnell zu Mobbingopfern werden, wenn es also z. B. in Deutschland ein Türke ist oder ein Afrikaner. Es kann allerdings auch vorkommen, dass an einer Schule, die überwiegend von Schülern mit Migrationshintergrund besucht wird, plötzlich ein einheimischer Schüler wegen seiner Herkunft zum Mobbingopfer wird.

Ein anderer Grund tritt ein, wenn – aus welchen Gründen auch immer – das Opfer an bestimmten „sozialen Riten" nicht teilnimmt. In vielen Gesellschaften spielt z. B. das Trinken von Alkohol eine wichtige Rolle. Das reicht vom Sektempfang bei Feiern in der Firma oder der Politik über den Kneipenbesuch mit Freunden und die feuchtfröhliche Faschingsfeier bis hin zum Komasaufen bei Schülern. Wenn nun jemand aus persönlichen, religiösen oder gesundheitlichen Gründen keinen Alkohol trinkt, führt das in vielen Fällen sehr schnell zur sozialen Ausgrenzung und zum Mobbing.

Der dritte Grund, warum eine spezielle Person gemobbt wird, liegt ganz einfach im Machtgefälle zwischen Täter und Opfer. Da gibt es die klassische Situation, dass der Täter physisch oder psychisch stärker ist als das Opfer und diese Macht mehr oder weniger bewusst ausnutzt. Es gibt aber inzwischen auch eine andere Variante. In den Zeiten des Internets und der allgegenwärtigen Digitalkameras ist es heute vergleichsweise leicht, andere in peinlichen und kompromittierenden Situationen zu fotografieren und diese Bilder der Öffentlichkeit zugänglich zu machen, die dann in sehr vielen Fällen genau so reagiert, wie der Täter es sich wünscht.

In diesem Fall ist es für die Täter sehr einfach, Macht auszuüben. Mit Hilfe von sozialen Netzwerken, Blogs etc. lassen sich Fotos sehr leicht einem großen Personenkreis zugänglich machen. Da das Opfer meist keine Chance hat, sich dagegen zu wehren und die Täter im Internet auch die Möglichkeit haben, so etwas anonym zu veröffentlichen, ist auf der einen Seite das Machtgefühl und auf der anderen Seite die Hilflosigkeit oft sehr groß und kann zu schweren Konsequenzen einschließlich Selbstmord führen.

Wie kann Mobbing bekämpft werden?

Wichtig bei der Bekämpfung von Mobbing ist, dass alle Beteiligten das Thema ernst nehmen und verstehen, dass nur entschiedenes Handeln das Problem lösen kann.

Wenn hier von allen Beteiligten die Rede ist, so schließt das auch die ein, die sich selber so gerne als Unbeteiligte sehen.

Zunächst einmal ist es sehr wichtig, dem Mobbing-Opfer den Rücken zu stärken und ihm/ihr zu zeigen, dass er/sie nicht alleine steht. Zugleich muss das Mobbing-Opfer ermutigt werden, sich zu wehren und auch den Täter zu melden. Es ist extrem wichtig, klarzustellen, dass es sich nicht um „Petzen" handelt, wenn man in solchen Fällen den Lehrer oder andere verantwortliche Personen informiert.

Das Gleiche gilt auch für die sogenannten Unbeteiligten. Man muss generell die Schüler zu mehr Zivilcourage erziehen und sie ermutigen, bei Mobbingaktionen und anderem asozialem Verhalten einzugreifen und so etwas auch den Lehrern oder anderen verantwortlichen Personen zu melden, weil das heißt, jemandem zu helfen, der wirklich Hilfe braucht. Sie müssen lernen, dass es manchmal gut und notwendig ist, Stellung zu beziehen für Fairness und gegen Mobbing und anderes asoziales Verhalten.

Als nächstes sind auch die Lehrer gefordert, die sich allzu oft die Arbeit leicht machen und entweder mangels Aussagen gar nichts tun oder manchmal sogar das Opfer bestrafen, wenn nämlich eine Gruppe von Tätern die Schuld dem Opfer in die Schuhe schiebt. Ein Lehrer sollte auch mal den Mut haben, sich nicht von der scheinbaren Mehrheit blenden zu lassen, sondern seine Logik walten zu lassen. Natürlich ist es einfach, zu sagen „Wenn mehrere gegen einen aussagen und niemand für diesen einen, dann ist wohl dieser eine schuldig.". Doch was ist mit der Logik? Ist es wirklich so wahrscheinlich, dass ein körperlich eher schwacher Schüler Tag für Tag eine Gruppe körperlich starker Schüler angreift, um sich von denen immer wieder verprügeln zu lassen? Und wenn man diesen Gedanken dann einmal konsequent zu Ende denkt, kommt man auch sehr schnell darauf, wer die wahren Täter sind und wer sich wirklich asozial verhält.

Nachdem nun auf diese Weise die Voraussetzungen für die richtigen Erkenntnisse geschaffen wurden, müssen diese nun auch zu Konsequenzen führen. Das heißt unter anderem, dass das Fehlverhalten Konsequenzen für die Täter haben muss. Das heißt aber auch dass die Eltern der Täter angesprochen werden müssen, um gemeinsam Lösungen zu erarbeiten, wie solch asoziales Verhalten in der Zukunft verhindert werden kann. Die Maßnahmen sollten auch im Klassenverband besprochen werden, der dann gemeinsam aufpasst, dass sich das schädliche Verhalten nicht wiederholt. Ziel muss sein, ein positives Miteinander zu erreichen, bevor es bei einem der Beteiligten zu physischen oder psychischen Schäden kommt.

Des Weiteren ist es wichtig, bereits in der Grundschule ein Bewusstsein dafür zu schaffen, dass jedes Verhalten Konsequenzen hat. So wie negatives Verhalten negative Konsequenzen hat, muss positives Verhalten positive Konsequenzen haben. Gerade in der Grundschule kann man da noch positive Weichen stellen. Hier müssen die Schüler schon gezeigt bekommen, dass Mobbing etwas Schlechtes ist und für den Täter negative Konsequenzen hat. Gleichzeitig müssen sie lernen, dass soziales Verhalten, gegenseitiger Respekt und Zivilcourage positiv sind und belohnt werden.

Ein Weg, dieses Bewusstsein zu schaffen, kann z. B. eine Art Rollenspiel in der Klasse sein, bei dem die Schüler mit Mobbing konfrontiert werden. Dabei sollten sie ganz besonders mit der Situation und den Gefühlen des Mobbingopfers konfrontiert werden. Gleichzeitig sollte in solch einem Rollenspiel auch das richtige Verhalten im Fall von Mobbing aufgezeigt werden. Natürlich ist es wichtig, bei solchen Aktionen psychologische Hilfe und Beratung dabei zu haben, weil es für manche Kinder eine sehr verstörende Erfahrung sein kann, wo sie Hilfe benötigen, um das verarbeiten zu können.

www.ingramcontent.com/pod-product-compliance
Lightning Source LLC
Chambersburg PA
CBHW070526290526
45790CB00003B/1320